はじめに

明日の教育を考え、学校経営を進めていく。その際に、校長として何が大事になってくるのだろうか。このような思いで、手にとりやすく、読みやすいコンパクトなものをということで、「明日を創る学校経営」シリーズを書き始めました。

第一弾「校長の力は『話す力・聞く力』で決まる」、第二弾「校長の力は『書く力』で決まる」は、ありがたいことに好評をいただいています。その感想が多くの方たちから寄せられ、自分の学校経営に生かしていきたい、利用しています、というものでした。

その方たちから、前作に書いてある処々の対応をもっとよく知りたいとのことでした。また、私の校長時代のさまざまな対応を詳しく教えてほしいと頼まれました。

そこで、校長時代に考えていたことや実際に行動していたことを、次のようにまとめてみました。

①日頃、教員に対してどのような対応をしていたか、②何か問題が起きた時にどのように乗り切ったか、③乗り切るためにどう考えたか。

そのキーワードは「対応力」でした。

どう対応していくか、それは校長に求められる力の一つです。あらかじめ準備をしておくことで乗り切れることもあります。また、日頃の考えを明確にしておくことで、とっさの時にふっとよい案が生まれることもあります。本稿の対応力が、校長先生たちの学校経営の参考になってくれれば幸いです。

—目　次—

自ら学ぶ校長

教員の働き方改革について議論が活発になっている。教員を目指す学生の間でも、教育実習に行くと、働く環境が必ずしもよくないことがわかり話題となる。

「こんなにたくさんの仕事を教員はしなければならないのか」「行事準備や保護者対応などに追われ、教材研究がなかなかできない」などの感想を彼らはもつ。

教員を対象にしたあるアンケート調査では、負担感を感じているものに、保護者対応や提案文書、報告書などの文書作成が多かった。そして時間はかかるが、これだけは教員としての責任で行いたいというものが授業準備であった。授業づくりは教員の本分である。授業に関することは、時間がかかっても、それ自体が楽しいのであり負担感は少ない。授業を大切に思う教員が多いことはうれしい結果であった。

「校長になることがゴールではなく、校長になってから何をするかが大事である」。私の尊敬する校長のこの言葉は、時代を超えて通用する校長としての在り方である。そして自分が校長を目指していた時に、校長として何をしたいと思っていたのか。それは授業に力を入れる教員を育てることであった。

教員になる者は、誰でもいい授業をしたいと思うはずである。一人一人個性は違えど、どの教員でも、いい授業をしたいという思いはみな同じである。その教員たちからすると、いい校長とは、どんな校長であろうか。それは「いい授業づくりに向けて、適切な指導、助言をしてくれる校長」であろう。

自分の授業を見て、その授業のよさと課題を的確に伝えてくれる校長がいると、授業改善の方向が見えてくる。授業を見る目、改善する視点が的確な校長は信頼される。

そしてそのためには、校長も日々勉強をしなければならない。教員の授業を見て、もっぱら自分の経験からの話や、思いつきのみの助言ばかりでは、的確な指導とは言えない。

社会は変化し、学習指導要領が新しくなる。その中で、これから求められる授業とは、このようなものだと、わかりやすく伝えることが校長には必要である。

本を読み、外部の研究会に参加し、各種の解説書や報告書に目を通すことを進んで行いたい。常に自分の頭の中にある授業づくりに、最新情報を取り入れて更新していくことである。教育の不易と流行という言葉があるが、授業における不易とは何か、授業における流行とは何かを考えて、勉強していくことである。

このような校長の姿を見て、教員も刺激を受ける。校長が勉強したことを、教員たちに適切に伝えていく。教員も、自分たちも勉強しなければとの思いになってくる。研究意欲の高い教員はこうして育ってくる。「自ら学ぶ校長」として、自分自身を高め続けていきたい。自ら学ぶ姿勢なくして、自ら学ぶ教員を育てることはできない。

東京都西東京市立けやき小学校
高橋亨校長先生

ほめて育てる

「子どもたちをよく見て、まずほめよう。注意することがあったら、その後のことだ。」

初任校の時の校長先生から教わった言葉が、今でも頭に残る。この言葉を聞いて以来、教室で子どもたちと接しながら、まずよいところを積極的にほめようと意識した。

「この子のよさはどこだろう」こう考えながら見ていると、新たな発見があった。おしゃべりが多いなと思っていた子は、実は友達に親切で、あれこれと積極的に声を掛けていたこと。一見、おとなしそうで無口だなと思っていた子が、実は芯がしっかりしている子だったことなど。それまで見逃がしていたようなことが新鮮な長所として見えてくるようになった。

若かったとはいえ、自分がいかに一面的にしか子どもを見ていなかったかと、反省させられたものである。子どものよさを多面的に見て、ほめていくうちに、その子がよりよい方向に育っていくことを感じたのである。

校長になってからは､自校の教員をほめることをまず考えた。

ある教員の授業観察後の面談で、こんなことがあった。その教員は、自分はあらゆる面で自信がないと言っていた。授業も上手ではなく、子どもたちへの説明も思うようにできない。他の先生たちがうらやましく思える。教員としての能力が足りないということは、自分でもよくわかっていると、自分自身を否定しがちであった。

しかし、私の目から見て、決してそんなことはなかった。もちろん授業自体は、課題とする点はいくつもあるが、その教員のことが好きと慕う子どもは多かった。

その魅力の秘訣は笑顔であった。いつでも穏やかで、にこにこして子どもを受け止める表情は、それだけで周りの人たちを安心させる。子どももほっとするに違いない。授業がいくらうまくても、笑顔を見せない教員よりも、子どもたちからの信頼は厚い。

授業中の写真を何枚か見せた。そこにはすべて子どもに向けて笑顔を見せているその教員の姿があった。

「自分のよさ、その笑顔を大事にして、子どもに向き合っていきましょう。」この言葉に、「自分にそんなよさがあると言ってくれるとは……。笑顔が魅力だなんて考えてもみなかったです。感激です。」と言って涙ぐんだ。その後、その教員は自信をもって仕事に対し前向きになっていった。

「校長先生からほめられたことがない。」と言う教員たちに、これまで何人も出会ってきた。「ほめる」ということは、何もお世辞を言ったり、事実でないものをもち上げたりということでは決してない。教員としてのよさ、人間としての長所をとらえ、相手に適切な言葉で伝えることである。それにより仕事に取り組む意欲を向上させることである。これは校長にしかできない。校長の最大の教員対応は、「ほめて育てる」ことであると私は思う。

公平に接する

子どもたちに信頼できる教師の条件を聞くと、決まって出てくるものは、「ひいきをしない先生」である。子どもたちの目から、ある特定の子どもだけを大切にしているように見えると、その先生のことを信頼できなくなるのは当然だろう。これと同じことが、教職員に対しての校長の接し方にも言える。

特別な指導が必要な子どものために、ある学級に配置された学習支援員から、退職時にこう言われた。校長の私から、「時々、声をかけてもらったことが、どれだけうれしかったかわからない。これまであまり声をかけてもらえていなかったので、仕事が厳しい時もやる気が出てきて、今日まで勤務が続けられました。」ということであった。

私は、その支援員に特別に言葉をかけなければと意識していたわけではない。校内を歩いていて教員、職員、保護者たちに出会うと気楽に話をしていた。天気のことを話題にしたり、体調を聞いたり、その時に対応している子どものことを聞いたり、というようにである。この支援員にも、それと同じ接し方で話しかけていただけである。しかし、私から話しかけられたことが、特別に心に残ってうれしかったと、その後も何度となく私と会うたびに話してくれた。

学校は、どうしても教員中心の職場となりがちである。そのため教員以外の人たちは、一歩引いた意識をもちやすい。学校全体のリーダーたる校長は、このことを十分理解し、努めていろいろな職種の方たちへ、目配り、気配りをした声がけが必要である。

学校の事務職員がいなければ、各種手続き、文書のやりとりが不可能となる。栄養士、給食調理員がいて、子どもたちの大好きな給食が提供される。用務主事がいて、校内の美化が維持され、学校警備員がいて、学校の安全が保たれる。わかっていることではあるが、時々、言葉にして労をねぎらいたいものである。

また、教員の中にはベテランの主任もいれば、中堅教員、若手教員らがいる。学校経営の立場から言えば、教務主任、生活指導主任、学年主任らと話をする機会が多くなってくる。が、若手教員にも、初任者教員にも、同じような接し方で対応することを意識したい。

東京都立川市立
立川第六中学校
飯田芳男校長先生

男女、年齢、校務分掌の違いなどに関わらず、いつでも誰にでも声をかけるようにしていきたい。校長が思っている以上、教員は言葉のかけられ方に敏感である。正規の教員だけではない。産休育休代替教員、時間講師に対しても、全く同じ接し方をしていくことである。保護者に対しても、PTA役員とその他の保護者とも変わらない接し方にしていきたい。同じ一保護者なのだから。

基本は誰に対しても公平に接すること。すべての人へこの対応を心がけたいものである。

話しやすい雰囲気

「うちの学校の校長先生は話しにくくて……」こんな話を時々、教員たちから聞く。

教員たちは日々の忙しさの中で、授業の悩み、子どもたちのもめごと、保護者との関わり、学年教員とのすれ違いなど、人に話したい、誰かに相談をしたい時がある。また、教員人生のこれからの進路、異動のことなど、先行きのことで不安になることもあるだろう。このような時、教員にとって話しやすい雰囲気が校長にあるかどうかは大きい。

私には信頼のおける、大変に話しやすい雰囲気の校長先生がいた。大人でも子どもでも、出会う人は誰にでも、気さくによく声をかけていた。いつも明るかった。校長室を訪れる人も多く、絶えず笑い声が聞こえてきた。

何かを話題に出して、それを否定されたり、不機嫌になられたりすることはなかった。どんなことでも、こちらの話すことを受け入れてくれる器の大きさをその方には感じた。何かあると校長室へ相談に行く教員が多く、校内がとても働きやすい学校だとの声があちこちから聞かれた。目指す校長として一つの範としたい姿である。

しかし一方で、話しにくい校長もまたいる。冒頭の教員のような言葉は、常に我が身をふりかえる言葉としたい。では、話しにくい雰囲気の校長とはどういう姿であろうか。

まず、笑顔が見られない校長である。

いつ誰と話をしていても、あまり笑顔が見られず、しかめ面をしていて、絶えず何かに不満を抱いているような表情でいる人がいる。誰かが冗談を言って周囲の人たちが笑っていても、一人だけ無表情でいるような人には、話しかけようとは思わないだろう。

次に、言葉が少ない校長である。こちらが話をしても、返ってくる言葉があまりない。だから何かを話題にしても、そのことで話が盛り上がったり、広がったりということがない。

妙な間が空いてしまい、こちらは早くその場を離れたくなってしまう。このような人には、話したくなくなるだろう。

そして誠実に話を聞いてくれない校長である。途中で話題を自分の言いたいことにもっていってしまい、話をする側が十分に伝えることができなくなってしまう。校長には、話す意欲が失せてしまう。

私の教員時代をふりかえると、確かに話しやすい雰囲気の校長と、話しにくい校長がいた。話しやすい雰囲気がある校長には、気楽に言葉を交わす中で共通の話題が生まれ、それが基となって信頼関係がつくられていったものである。

校長が話しやすい雰囲気をもっているかどうかは、学校経営にとって大きな要素である。学校に関わるあらゆる人と話をする、対話をすることが、信頼関係の醸成につながるからである。誰からも話しかけられる校長でありたい。

学びで教員集団を成長させる

校内研究には私自身、気持ちが熱くなった。「どの教材を使い、どのように子どもたち主体の授業をつくりあげ、どんな言葉で子どもたちに学習に向かわせて、学力をつけていくか」こんなことを考えるのが、教員時代の楽しみであった。管理職になってからは、校内研究会で、教員に指導をすることが、授業に力を入れていた教員時代の自分と重ね合わせるような気持ちになった。

ある中学校の先生から言われたことがある。小学校は校内研究会があっていいですね、と。中学校はそれぞれ専門教科の担当教員がいるので、ある特定の教科を取り上げた校内研究会はない。小学校のように、国語、算数、体育など、一つの教科を決めて、全員で研究授業をして協議を行う機会がもてることがうらやましい、ということであった。

当時私は、専門が国語だったので、校内研究は国語で行いたいという希望が教員側から出てきた。校長で二校、どちらの学校でも国語を校内研究にしてきた。

研究授業の二か月程度前になると学年の教員たちが校長室に来る。選んだ教材文をみんなで音読して、人物の心情の変化を考えたり、効果的な発問を考えたり、関連する言語活動を工夫したり、子どもたちに示す話し合いのモデルをつくり上げた。

子どもたちが主体的となる対話はどうするか、より深く読み取るとはどういうことか、自分のこれまでの研究、指導経験などから教員たちに語った。

授業準備を進めていく中で疑問が出て来ると、彼らはまた校長室に来る。私の話を基に指導の手直しをするなど、校長室が研修の場となっていった。

学年の教員たちが力を合わせて準備を進める。協力体制の中、研究授業が行われ、協議会では教材観、指導観を交流し合った。毎回の講師講評は私が役割を担い、会終了後は外の店に集い、みんなで打ち上げの会を開き、大いに盛り上がったものである。

「授業をやって楽しかった」という言葉が多く出た。「校内研究会が待ち遠しくなった」という声や「今日の校長先生の話で、国語をやる気になった」などの声ももらった。私も当日の講評のために、授業者に負けないくらい教材文を読み込み、学習指導要領との関連をわかりやすく説明するための準備に多くの時間をかけた。

校長として経験したどちらの学校も、校内研究に燃えた教員集団であった。教員は誰でも、いい授業づくりを目指す。何の教科であれ、確かな研究をしていくと、その指導力は他教科にもつながっていく。そして、校内研究会を活性化させることは教員としての向上心を刺激するものであり、学校の教育力を高めていくこととなる。校長が校内研究に深く関わり対応することで、教員からの信頼性を培うことになる。校内研究を学校経営の核にする。学びで教員集団が成長するのである。

授業観察で見られる校長の力

教員に求められる力、その第一は何と言っても「授業力」である。

子どもたちが喜ぶ楽しい話をしても、事務処理が速くても、いくら人が良くても、肝心の授業力がなければ教員としては適格性があるとは言えない。いい授業を行い、子どもに学力をつけていくことが教員にとって大事な務めである。

そのために校長は定期的に教員の授業観察をして、指導助言をすることが大切である。授業観察に向けて、教員は授業づくりの準備をする。教材研究を行い、発問の確認、ワークシートの工夫、掲示物の張り替えなど、校長に見てもらうことで、緊張感をもって授業に備えるのである。校長も教員の気持ちにしっかりと応えるために、真剣に授業観察をし、その後の指導を的確に行いたい。

しかし、この授業観察後の校長の対応に、教員から不満が出ることがある。「自分の専門と今日の授業教科とは違うから、よくわからない」「特別支援は経験がないからわからない」「自分はもともと中学校教員なので、小学校の授業はわからない」、このように、何らかの理由がもとで、「今日の授業のよさと課題がわからない」というのである。

このような校長の言葉を聞くと、大変残念に思う。第一の職務である授業を行う教員の指導の姿から、よさを見つけて伝え、課題があれば指摘して改善に向かわせることは、校長の大事な職務である。それが「わからない」の一言で、済むというものではないだろう。

もちろん算数が専門の校長が、体育の研究授業で専門的に指摘することは難しいということはある。音楽や図工専科の教員が校長となり、国語の授業で専門的に助言するのも難しいと思う。中学校の教員が、小学校の校長になり、中学校と小学校の授業の違いに、戸惑いを見せることもあるだろう。

しかし、このように自分の専門との違いを感じることは誰にもあることである。

要は、専門分野に違いがあったとしても、子どもたちにどのような力をつけようとして、どのような方法で指導をして、子どもたちの反応・変容がどうだったか、という目で見ることである。それは、教科や校種の違いを越えて発見できることである。校長が授業を見て、「わからない」ということは、「わかろうとしない」ということなのである。

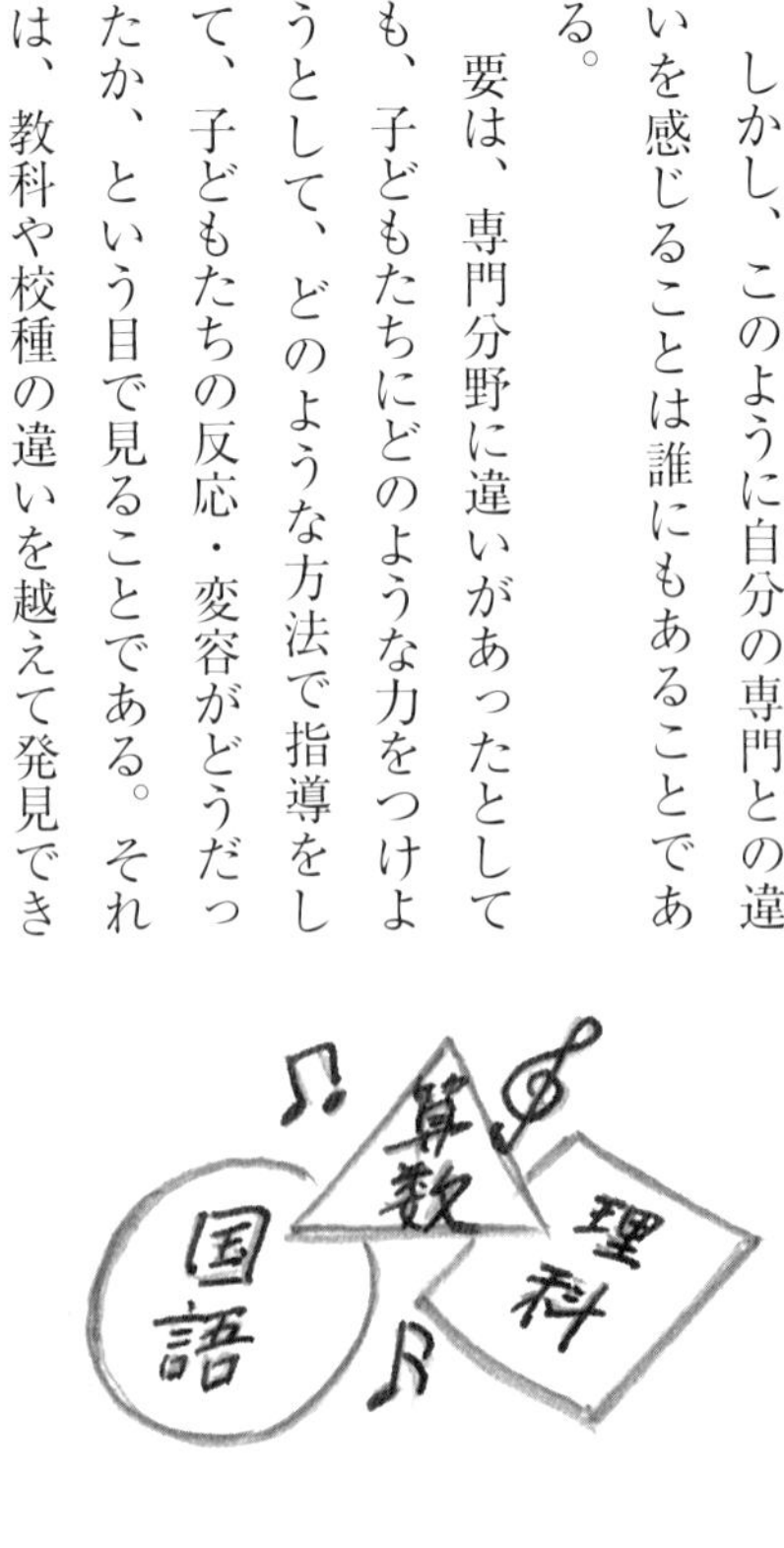

わかろうとしない校長の授業後のアドバイスは、当然ながら説得力をもたない。的確な助言者とは、「この校長先生が授業をやっている姿は見たことがないが、きっと担任の時、さぞいい授業をしていたんだろうなあ」と、教員に思わせられるものである。

校長の授業観察は、教員の指導力を見る場ではある。しかし、それ以上に、校長の力が見られるのである。

威張る校長、威張らない校長

威張る校長がいる。

人と話をする時に、胸をそらし、腕を組み、いかにも不機嫌そうな顔で、威圧的な言葉を相手に投げかける。威張るのは大抵、副校長（教頭）や教職員など、自分より立場が弱い者に対してである。こういう校長に限って、教育委員会に対しては、がらっと人が変わったような態度をとる。

私自身もこのような校長を何人も見てきた。中には校長というだけで、他校の副校長（教頭）に指導という名目で、あまりに厳しい言葉を言う人もいた。いったいこのような校長たちは、校長職を何ととらえているのだろう。

校長はあくまでも職としての地位である。職務上の指導、指示を伝える時の最高責任者であって、決して人間的に上位というわけではない。それを自分が人間として、さも人より上という態度をとる校長がいるというのは恥ずかしいことである。

ましてや校長職としての指示や指導は、自分の所属する学校内のことであって、他校の副校長（教頭）への指導などは、全く筋違いである。その指導は所属校の校長が行うべきものである。

威張る人とは、どういう心理状態なのだろうか。ある本によると、自分に自信がない気持ちの表れであることが多いと言う。本人の地位がどれだけ高くても、本当は自分に自信がなく、周囲に、「自分はこんなにも偉いのだ」とわからせるためだ、ということである。自分の偉さをわからせるために威張られては、周囲の人はたまったものではない。

力量のある人、周りから信頼される人は、決して威張らない。そういう人ほど穏やかで謙虚である。

管理職選考試験対策の勉強会に参加すると、多くの校長が講師として集まり、熱心に指導をしてくれる。信頼できる校長の言葉は、内容が厳しくてもその指導には温かさを感じる。決して威張った態度をとることはない。みんなそのような人についていく。

一方、力のない校長は、ここぞとばかり、指導の時に威張った態度をとる。指導を受ける側は、反抗的な態度はとらないので、余計思う存分、威張った態度に終始する。その校長の、学校での教職員との関係性が想像できるようである。

学校という組織の中では、校長は最上位にいる。校長をたしなめる者がいるわけではない。だから勘違いをする校長が出てくる。決して偉いわけではない。職として一番上から指示するだけであり、全人的な最高位ではない。

もちろん厳しい指導をしなければならないことはある。それがなければ校長とは言えない。しかし、厳しい言葉を言うのと、威張ることとは、全く違うことである。威張る校長は、その時点で人から信頼されなくなる。

会議で寝ない

研究発表会でこんな光景を目にしたことがある。

公開授業後、体育館で研究発表があり、続いて講師の先生の講演が始まった時のことである。講師の先生は当日の研究発表のテーマで定評のある有名な大学教授であり、参観者はこの先生の話を聞きたいという思いで集まっていた。話が始まると、その言葉一つ一つを聞き逃すまいと、誰もが耳を傾けていたその時である。

ふと見ると校長が寝ていたのである。これには驚いた。校長をよく知っているし、講師の先生とも私は親しい。いびきをかいて、会場内のみんなに知られたらどうなるだろう。こんな思いで、離れた席から、早く起きろと心の中で念じたものである。その後、その後、学校の教員から、「校長先生はは職員会議でもよく寝ているんです。」という言葉を聞いた。

私は研究会講師として、多くの学校を訪れる。ほとんどの学校では、校長も教員たちと一緒になって、教科指導を勉強しようと熱心な姿で参加している。

しかし、ごくたまに研究会で寝てしまう校長がいた。自分たちは一生懸命勉強しているのに、校長は気が緩んでいるのではないか、教員がそんな思いになっても不思議ではない。

そんな時、私はすぐに話を変更して、「ではここで音読練習をみんなでしてみましょう。」と言って、全員その場で立たせて、その校長もそれに引きずられ、目を覚ましたことがある。

暗い体育館の中、学芸会や音楽会の鑑賞中に寝てしまう校長、全教員が出席している職員会議で寝てしまう校長、このような話を耳にする。

学校での仕事は忙しい。一日の疲れが昼食後の午後にどっと出て来てしまうことはよくある。前日、睡眠時間が少なかったということもあるだろう。体調が悪い時は、眠れない時もあるだろう。私自身もそのようなことは、何度となく経験したものだ。

校外学習の付き添いで疲れた帰りの車中で寝る姿はともかくとして、会議や研究会、学芸会などの行事で、校長が寝てしまってはまずいだろう。校長の寝る姿だけで、教員の意欲低下につながる。

前述した研究発表会の教員たちは、二年間、その学校で研究発表に向けて、多くの時間と労力をかけ、よりよい授業づくりを研究していたはずである。発表をすることで、その学校の研究成果を他校の教員たちに問うのである。大事な場であり、二年間かけた研究の最終ゴールの場面となる。ここで校長が講師の講演で寝てしまっては、研究にまじめに取り組んできた教員たちが、どんな失望感を味わうかわからない。この姿で信頼が崩れてしまう。

会議で寝ない。研究会で寝ない。学校行事で寝ない。当たり前のことであるが、この姿が大事である。

遅くまで残るのがいい校長か

校長は学校に何時まで残るのがいいのだろうか。

こんなことがしばしば話題になる。教員たちからは、「うちの学校の校長先生は、五時になるとすぐに帰ってしまう」と不満気な言葉を聞くことがある。自分たちが遅くまで残っているのに、その苦労も知らないで校長は早く帰ってしまうということである。

では、毎日遅くまで学校に残る校長がいいのだろうか。果たしてそれが本当に望まれているのだろうか。

私は決してそうは思わない。遅くまで残る時もあれば、定時に帰ることもある。基本的にそれでいいと思う。毎日、夜八時や九時まで校長が残っていたとしたら、それはそれで教員たちにとって窮屈となり、決して喜ばしいことではないであろう。

では、なぜこのような不満の言葉が教員から出て来るのか。それは、「校長先生が私たちの頑張っている姿をよく見てくれていない」ということであると思う。

年に何度か学校公開がある。朝から帰りまで、どの時間帯でも保護者に授業など教育活動を公開するとなると、教員は緊張し、疲れもする。公開日前日には、掲示物の張り替えもあり、教員にとって負担感は大きい。

その時に、放課後、各教室を訪れ、教員たちの準備にかける頑張りを校長自身の目で見て、一言励ましの言葉をかけてあげると教員は喜ぶだろう。

研究授業を控えていると、授業者本人だけでなく、学年の教員たちも、発問の仕方や板書の工夫、印刷物の点検などの準備に追われる。その時に教室を訪れて、温かな励ましの言葉をかけてあげると、教員もやる気が増すことだろう。

学芸会になると、大道具、小道具、衣装、音楽など、さまざまな用意が必要となり、どの学年も大変な慌ただしさになる。連日遅くまで学校に残って準備をする教員が多くなる。その時に、学芸会の演目に向けた準備、熱意を理解し、成功を願う言葉をかけることは、教員にとって大きな励みとなるであろう。

教員の忙しさ、多くの時間をかけた準備などは、子どもたちにへの指導の熱心さの表れである。そのことを学校という組織のトップである校長にわかってもらいたい、知ってもらいたい、このように教員たちは思っている。校長の目で見て、励ましの言葉をかけることを、校長には期待されているのである。

このことを忘れないようにしたい。

この対応をいつも心がけている校長だとしたら、定時に帰ることが多くても、決して教員から不満が出ることはないだろう。

私は研究会などの出張が多く、学校を空けることが多かった。だからこそ学校にいられる時には、できるだけ教員の頑張る姿を見ようとしていたものである。学校に遅くまで残るというより、教員たちの頑張りを見て、声をかけることが、教員への対応として求められると、私は思う。

苦悩する教員に対して

学級経営がうまくいかないと悩む教員がいたら、できるだけその教員に寄り添うようにしたい。

子ども同士のトラブルから、互いの言葉が荒っぽくなり、学級全体に波及することもある。周りに影響力のある子どもがよくない言動を繰り返していると、他の子も同じようなことをするようになる。子どもたちに原因があっても、それを指導するのは担任である。どうしても教員の指導力が課題だとしても、一人の人間として苦しみ悩んでいる姿を決して見過ごしてはいけない。

子どもの気持ちに寄り添った授業ができず、子どもたちが飽きてしまって教室中が騒がしくなり、授業が成り立たなくなる学級があった。その教員には、教材研究の大切さを説いて、ある期間、次の日の時間割に沿って、一つ一つの教科の教材研究を指導したことがある。発問と指示と作業とノートの書き方を考えさせ、準備をさせた。

しかし、こちらが教えたからと言って、すぐにすべてが変わるものでもない。確かに助言したことに関しては改善していたが、なかなか期待するほどの段階にまではいかなかった。

また、子どもたちとの関係が上手に築けない教員がいた。その教員と話をすると、子どもを常に上から見下ろすような言い方になっていた。その言葉には温かさを感じなかった。そこで命令調にならない言葉で、何事も子どもたちと一緒になって、子どもの目線でやっていく姿勢を見せたらどうかと助言した。

自分の課題点がわかったようで、その教員は自分から変えようとしていった。しかし、急に変わることはなかった。一歩一歩変わろうとする姿勢は確かに見られるが、目に見える形でよい方へ表れるには、やはり時間がかかると思われた。

校長が指導したことは、教員が理解したとしても、それですぐに変わるとは限らない。授業でも学級経営でも、改善点を指摘しても、明日からがらりと変わることは稀である。だからと言って、いくら指導をしても、あの教員は変わらないと思わないことである。

苦悩しているのである。その苦しさを理解してあげなければならない。時には眠れなくなる。食事も喉を通らなくなる。胃が痛むこともある。表情に曇りが見られることもある。悩み、苦しむ教員には、寄り添ってあげたい。言葉をかけ、指導で変えるべきところは変える意識が必要であるが、できるだけ安心できる心理状態へと導いてあげたい。この職から離れるようなことのないようにさせていきたい。

その教員の指導に課題があることとは別にして、その教員の苦しみをわかってあげて、少しでもその気持ちが軽くなるような接し方を、校長はしていきたい。

担任希望で自覚させるプロ教師

学級担任にとって、次年度の計画を立てる頃、自分が何年生の担任となるのか、あるいはどの学級をもつことになるのかは、最大の関心事であろう。「高学年は担任したくない」、「子どもたちが荒れているあの学級はもちたくない」、このような思いで話を交わす姿が職員室でも見られてくる。

教員の希望をとることなく、すべて校長が決める学校もあるだろうが、次年度の担任希望を教員に書いてもらって、校長に提出するという学校が多いようだ。

ある年、教員たちに担任希望のカードを出してもらった。すると、「慣れている低学年担任を強く希望する」「自分は高学年担任は無理」などの希望がいくつも出た。すべて教員の希望を生かしていては、高学年担任は誰もいなくなる。このような状況であった。

学級担任配置の構想では、まず高学年担任を決めるのが難しい。五・六年生の指導、対応はそれまでの低学年、中学年よりも一段と学級全体をまとめる教員の力が求められる。仕事量も増え、尻込みする者も出て来る。しかし、組織として誰かが担任をしなければならない。

そこで私は、職員会議で次のような話をした。

「教師というのは、子どもを相手にする職業です。いつ、何時、どの学年、どの学級の担任になるかわかりません。しかし、どこを担任することになったとしても、全力で子どもたちに対応するのがプロの教師です。

もちろん個人的な事情があるという人もいるでしょう。お子さんがまだ小さくて保育園に預けている、宿泊行事ができない、介護をしていて遅くまで学校に残ることができないというような事情です。その場合には、十分配慮をするので、相談に来てください。

基本的には、どの学年でもどの学級でも受けもつという考えをもちましょう。個人的な事情を配慮した上で、先生たちの特性を生かして、学校全体のことを考えて担任配置をしていきます。信頼をいただき、校長に任せることにしてもらえるとありがたいです。」

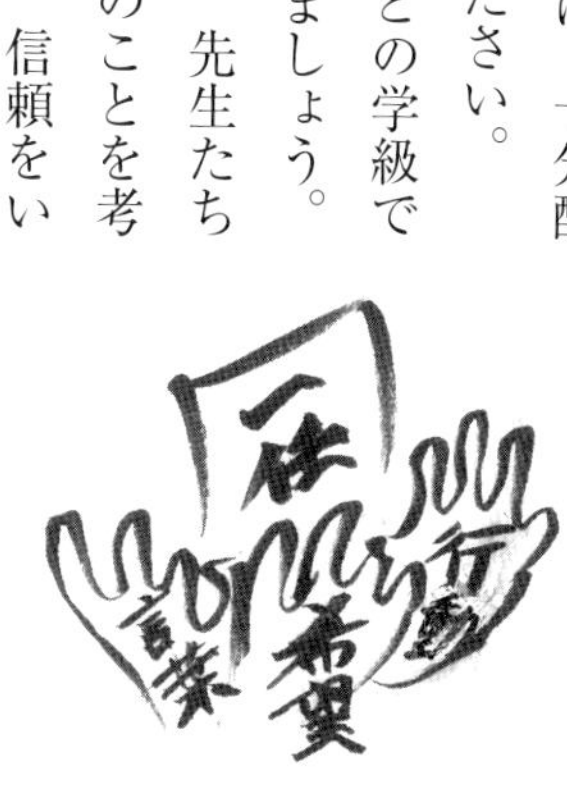

この話のあと、担任希望は全員「校長に一任します。」となった。この年だけでなく、その後毎年このような話をしていった。学校が替わっても、この学年はもてないということを言う教員は見られなかった。

担任配置は希望を聞かずに校長が決めてもいいものである。しかし、希望を聞いてもらえるということは、尊重されているという気持ちになる。その上で校長に任せるという選択をすることにより、教員自身、学校経営に参画する意識をもてるようになるのである。

そして校長に一任するという選択は、教員側からすると、この校長はきっと適切な判断をしてくれるだろう、という信頼がなければできない。日頃の校長の言葉、行動、判断、それが大切なのである。

校長室は憩いの場か

絵本が置いてあり、ゲームも用意されている。手品の道具があり、絵を描くための用具もそろっている。休み時間になると子どもたちが集まり、思い思いに遊んだりして、過ごしている。このような校長室がある。子どもから慕われ、親しまれる校長がいて、校長室は楽しい場となっているのであろう。授業という緊張の場を離れ、子どもにとってさながら校長室は憩いの場となっているようである。

不登校気味の子どもにとって、教室には行けないが保健室には行けるという保健室登校というものがある。これと同じように校長室登校ということもあるだろう。教室にはいろいろな理由で行けないが、校長室なら行けるという子どももいる。そのような子どもに対して、校長室で過ごしたいという思いにさせ、子どもの心の安定を図ることは大事なことである。

ただ考えておきたいのは、校長室で過ごすことが快適なあまり、「もう教室には戻りたくない」という思いにさせないことである。あくまでも一時的なものとして、落ち着いてきたら教室に戻って、担任のもと、学級の友達と一緒に過ごしていくための心のリセットを行う場とするのである。

祖父母の孫のかわいがり方で、過保護な接し方がよくないとよく言われる。例えば、孫に嫌われないように、お菓子など、子どもが好きそうなものをどんどん食べさせる。おもちゃなど欲しがるものを言われるがままに買ってあげる。親がしつけも兼ねて、まだこの子には食べさせたくないと思っているもの、買い与え過ぎないよう気をつけているものを、ただ孫のかわいい顔を見たいがために買い与える。このような接し方は、かえってその子どものためにならないことは明らかであろう。

校長室での子どもの接し方でも、このようにならないようにしたい。いくら自分のところに来ても、校長は担任ではない。担任にとって望む姿にしていくことである。いずれ教室に戻ることを想定した接し方をしなければならない。

私が校長の時に、初任者教員に対して暴言を吐いたり、友達をいじめる悪さをする子どもたちがいた。担任の度重なる指導にも耳を貸さない態度であった。ぜひ私から指導をしてほしいと担任から頼まれた。

私は教室に行き、その子たちを大きな声で一喝し、校長室へ連れてきた。一日中、校長室で厳しい指導を行った。自分の言動を振り返り、何が悪かったのかがわかるようになるまで、何度も何度も指導をした。心から反省するまで許さなかった。次の日から人が変わったように態度が改まった。「もう二度と校長室には行きたくない」「あんなに厳しく叱られるくらいなら、絶対にもういじめはしない」と、その子たちが言っていたと担任から聞いた。

その後はその子もいい方向に成長してほっとした。校長室は決して永遠の憩いの場ではない。指導の場であるべきだと思う。

教員が不祥事を起こした

不祥事を起こした教員が出た。

体罰、セクハラ、不適切指導など、教員として許されないことを行った教員のことが明らかになると、校長としては大声で怒鳴りたくなるものである。日々、保護者や地域から信頼される学校づくりに努めているのに、いったい何ということをしてくれたんだ、という腹立たしい気持ちになってくる。

しかし、もし自分の学校でそのような教員が出たら、努めて校長が冷静になることである。熱くならず、穏やかに、どのようなことがあったのか、何をしたのか、その時、何を考えていたのかなどを、副校長（教頭）を同席させた上で、しっかりと冷静に話を聞くことが大事である。

不祥事を起こした教員は、当然であるが、多くを語りたがらない。自分の行ったことを、できるだけ軽く扱ってほしいという心理が働き、自分に都合の悪いことは隠して、都合のいいように話をするものである。

話を聞く時に、こちらがかっとなって怒ってしまうと、決してすべてを話さなくなる。口も心も閉ざしてしまうのである。過ぎてしまったことはもう戻らないのであるから、今後、どのような対応をするのがいいのかを、その教員に指導しなければならない。

それには事実を隠さずに、ありのままに明らかにすること、これが一番である。隠し立てをしていいことなど何もない。このことが表に出て、教育委員会に報告をした後に、「その時にはまだ言っていないことがありました。」と、次々と新しい事実が判明することの方が、さらに事態が悪くなるものである。

人が嘘をつかずに真実を述べる時とは、信頼している相手に対してであると思う。今、目の前にいる校長は、この不祥事を許してはくれないだろう。でも、自分のことを考えてくれている校長だとの思いが、隠し立てをやめるのではないだろうか。

セクハラ、わいせつ行為等は論外である。しかし、子どもが悪態をつき、腹が立って、つい手を挙げてしまった場合などは、そこに至るまでの気持ちがわからなくもない。

個人情報の流出も、今、社会の目は厳しい。しかし家で仕事をするために、子どもの名簿、ノートなどをバッグに入れて持ち帰ろうとして、紛失してしまったという事件があった。もちろんよくないことではあるが、その時の事情などから、同情したくなるものである。

社会からの信頼を得るには、日頃から服務事故防止の研修会を校内で徹底して行い、守るよう自覚させることである。万が一、起きてしまったら、感情的になって怒鳴るのではなく、穏やかに話を聞いて、すべての事実を把握すること、これが最善の対応である。

法令違反行為の教員が出た

ある教員がストに参加すると言う。

職員団体の加入者であり、翌日、ストが計画されているので自分も参加することを伝えに校長室にやって来た。私は、ストは法律で禁止されていて参加してはいけないということを伝えた。だが、「団体としてやることになっているので、自分も参加する、これは権利だ。」と言い、スト参加を撤回しようとしない。

向き合って座り、その教員に話した。

「明日のストに参加するということですが、私たち公立学校の教員は、公務員なので、地方公務員法に従わなければなりません。そこには『争議行為等の禁止』というものがあります。全体の奉仕者である我々は、職を放棄してストに参加することは許されません。校長として、スト参加を撤回することを指導します。」と話した。返事を聞かせてもらうと「校長先生の話は聞きました。」と言うだけで撤回はしなかった。

そこで本人の目の前で記録をとった。

・A教諭が校長室に来て、翌日の職員団体のストに参加することを伝えてきた。

・手元にある教育関係法規集の「地方公務員法の第37条（争議行為等の禁止）」の条文を見せながら読み、スト参加が違法であることを伝えた。その上で、翌日のストには参加しないよう指導した。

・A教諭の反応は「校長先生の話は聞きました。」という言葉だけであり、ストに参加しないという言葉はなかった。

校長の指導を受け入れなかった。

それから、〈教育委員会へ　教員対応報告書〉と書き、日付、時刻、校名、校長名を書き、学校印を押して、本人にこのような報告書を作成したと見せた。

「何か違うところがあったら書き直しますけれど、どうですか。」という問いに何も答えなかった。

私が封筒を用意し、宛名を書いていると、その報告書で自分は何か不利益をこうむるのかと聞いてきた。それは自分にはわからない、教育委員会が判断することであり、その判断材料を校長が作成したということ、と伝えた。

「これが私の仕事なんです。では報告書を教育委員会に提出してきますので、もういいですよ。お疲れさまでした。」と終始、笑顔で穏やかに話をした。

別れ際、A教諭は非常に不安そうな表情になった。おそらく家に帰ってもいろいろなことを考えただろう。翌日の朝早く、「ストが中止になりました。」と、その教員は伝えに来た。ほっとしたような表情での報告であった。

教員と話し合っていても、結局は平行線に終わる話し合いがある。校長の指導、もしくは命令を受け入れない者も中にはいる。このような時には、決して大きな声を出すこともなく、淡々と目の前で記録をとり、それを本人に見せて確認させて、穏やかに対応すること。これが有効である。

匿名の保護者が一方的な言葉で口撃してきた

ある日、保護者（母親）から校長室に電話があった。

「〇年〇組の担任は産休となり、替わりに非正規の教員が担任になった。学校は何を考えているのか。子どもたちのことをどうでもいいと思っているのか。」大変感情的な激しい一方的な言葉で、電話を切ってしまった。もちろん名前を聞いたが名乗らなかった。

この学級には産休に入った担任に替わり、産休育休代替教員が年度途中から入った。このことは四月初めの保護者会で校長の私からすでに説明をしていたものである。周りの学級を見ていると、みんな正規の教員が担任として、子どもたちに接している。一方、自分の子どもの学級担任は、正規の教員ではないとなり、保護者の不安や不満の気持ちが出たのだろう。

しかし、制度としてこの仕組みが存在し、その上で学校は人事配置をして教育活動を行っている。この産休育休代替教員は大変よく頑張っていた。私としては保護者とじっくり話をして、その上で、その考えを前向きにもっていけるようにしたかったが、こちらの話をする前に電話を切られてしまったのでは、どうしようもない。

それにしても失礼な保護者である。その代替教員は張り切ってその学級に入ったにも関わらず、このような保護者がいたということを知り、気持ちがくじけそうになった。自分の子どもの前でも、今度の担任は正規の先生ではないので、だめだとでもこの保護者は言っているのであろうか。

このような保護者の中には、校長に苦情を言ってやったと手柄をとったような言い方をする者もいる。顔の見える相手よりも見えない人に対しての方が攻撃性が増すため、その言葉は一層、棘が刺さるような言い方であった。

私は数か月後の保護者会全体会でこのことを話した。

「話したいことがあるなら、冷静に話しましょう。お互いに目を見て、私はできるだけ保護者の考えを理解するように努めたいと思います。それが話し合いです。しかしこの方のように、感情的なものの言い方で一方的に怒鳴り、名乗らずに電話を切ってしまうのはなんと失礼な態度だろうと思います。それが本校の保護者にいるとは信じられない思いです。どうかみなさん改めてお願いがあります。何かあったら、人間として相手に失礼のない態度で、言い方で話をしましょう。」

この言葉をすべての学年の保護者会全体会で話をした。水を打った静けさの中で保護者は聞いていた。

その後、ただの一件も失礼な電話はなく、その学年の保護者も大変協力的であった。もちろん、ほんの一部、しいて言えば一人の方の態度だったと思う。しかし、それを明らかにして、失礼な態度は許さないという姿勢を見せたことは、間違いではなかった。校長先生に私たちは本当に守られているのだと実感し、いつまでもついていこうと思ったと教員たちから言われた。学校は言われっ放しではいけない。

「教育委員会に訴える！」保護者が言ってきた

担任が指導に手を焼く子がいた。日常の言動が荒っぽく、すぐにかっとなり、相手に物を投げつけたり、強く叩いたりする。友達に対しても、時には担任に対しても同じである。校外学習に行っても、道を外れたり、店のものに手を出したり、注意をしても聞かず、まさに自由きままで、自分勝手な行動が非常に目立つ子であった。母親とその子ども二人の家庭であり、その保護者とは担任はなかなか連絡がとれず困り果てていた。

ふだんは学校に来ないその保護者が、たまたま学校公開に来ていたので声をかけ、校長室に来てもらい話をした。憮然とした表情で入ってきた。日常の教室での様子、担任への態度などを話し、保護者として、どう思っているかをまず聞きたかった。

すると、そのような行動は子どもとはいえ、自己責任と考える。自分で考え行動すればよいので、親としては関係ないと言ってきた。私は親としての指導責任があると話すと、感情的になり、「うちの子がそんなに問題児だと言うのか！　親の考えを尊重しないのか！　そんな校長は教育委員会に訴える！」と激しい口調で怒鳴り出した。

このような保護者を時々見かける。家庭教育が成り立っていなく、自分に都合の悪いこととなると、決まり文句が「教育委員会に訴える！」である。その言葉で校長が怯むとでも思っているのか。これまでの保護者への言葉を取り消し、謝罪をするとでも思っているのか。

とんでもない考え違いである。私は校長室の電話機をその保護者の前に差し出した。あなたの子どもを何とかいい方向に育てていこうと思い、話しているのに、その校長に対して言う言葉なのか。何という失礼極まりない言葉だ。教育委員会に訴えるなら訴えるがいい。この場ですぐに電話すればいい。これが電話番号だ、と、電話番号のメモも渡した。

それまで穏やかに話をしていたが、私も突然強い口調になったので、保護者は驚き、しばらく沈黙が続いた。

少し経ってから、「あなたも実は子育てでうまくいかないなと思っているんじゃないですか。お母さま一人で働いて育てているのは大変な苦労だと思いますよ。気を張らないで、素直になって話をしませんか。どのようにしていったら、巧君（仮名）がいい方向に向かっていくかを話せるのは、教育委員会ではないんです。学校の人間だからこそ話ができるんです。」こう言うと、その保護者はぽろぽろ涙を流しながら、素直に私の話を聞き出したのである。

自分もどう育てていいかわからないということだったら、いくらでも相談に乗る。担任も校長も親身になって話をする。だから二度と、教育委員会に訴えるなどという言葉は使わないようにすることを約束させた。子どもの前でもその言葉を使っていたようである。

「ふだんは穏やかに、時には厳しく」保護者に対応することが、学校教育を守ることになる。

父親と母親の意見が違った

よく遅刻する子がいた。三時間目あたりから登校するが、どうもすっきり目覚めていない様子である。担任が保護者と話をすると、朝、どんなに起こしてもなかなか起きられないということである。医療機関で診てもらったら「起立性調節障害」という症状であった。これは自律神経機能不全の一つで、朝になると倦怠感、立ちくらみ、頭痛などの症状が出て、本人は起きようとするのだが、起きられなくなってしまうものである。

担任と保護者（母親）との話の中で、友達から、「さぼっている、よく寝坊する。」と言われているようで、その症状のことを担任から学級全員に話した方がいいのではないか、と提案すると、母親もそのようにして下さいとのことだった。

担任がこのことを私に報告に来たので、大事なことなので、家庭での意見が変わらないか、数日間、様子を見ようと、期間を置くことにした。すると翌日、連絡帳で、「父親に症状のことを話すと、障害があるということで、かえっていじめに遭うのではないか、だから反対だ、というのが父親の意見なので迷っている。」とのことが伝えられた。

その日の夕方、父親と母親が来校して、担任と私とで話し合った。症状のことを学級の友達に話して、遅く学校に来ることがあっても、決して授業をさぼりたいわけではないことを、理解してもらうことにした。父親、母親がともに納得し、また子どもも納得した上で、担任が学級で話をしたことにより、級友からは温かい目で見てもらうようになった。

小学校国語一年生の教科書に「たぬきの糸車」がある。たぬきがいたずらをするので、きこりが困って罠をかける。しかし、その後、糸車を回すたぬきを見て、おかみさんはたぬきがかわいくなり、罠にかかった時にこっそり逃がしてしまう、という場面がある。

この話はたぬきと、おかみさんの心の交流を描いたものであるが、同時にきこりとおかみさんの、たぬきに対する思いの違いが浮き彫りになっている。きこりはたぬきを罠にかけて殺そうとするが、おかみさんはそれを知っていて助けたのである。

私は保護者との話をする時に、いつもこの話を思い浮かべる。夫婦でも決して同じ考えばかりではない。

朝、起きられない我が子のことを心配する思いは同じである。しかし、級友に対してどうするかとの行動は父親と母親とでは違っていた。だからこそ、両親ともに話をしなければならなかったのである。さらに情報の伝え方にも問題がある。担任が母親と話をして納得しても、家に帰って父の考えが違うとなった時、母親が担任との話を正確に伝えているかどうかということがある。仮に担任との話が三十分間あったとしたら、話の中身の情報量としてはかなりのものがある。しかし、それをすべて伝えきれるものではないだろう。きちんとメモをとる保護者も稀である。両親ともに納得できるかという視点が必要である。

大災害が起きた

３・11の東日本大震災の日、ちょうど地震が起きた時間は、私は研究会出張で駅のホームにいた。地面が大きく揺れる大地震、これまでに経験したことのない激しさであった。すぐに学校に連絡をしたが電話は通じなかった。急いで学校に戻ると、校長の私が不在のため、副校長（教頭）が指揮をとり、校庭に全児童を集め、これから集団下校をさせるところであった。

話を聞くと、教育委員会から、「全児童を集団下校させるように」という指示がＦＡＸで来たということであり、それを見せてもらった。それを確認した上で、全教員を集め、「集団下校はしない。全員、体育館に集めた上で、引き渡し下校にする。」と指示をした。以前、不審者が現れたということで、通常の下校時刻前に集団下校をさせた学校があった。保護者が外出中で子どもが家に入れないということが起き、大混乱になったという話を思い出したからである。

この引き渡し下校が大正解であった。家にいた保護者は直接子どもを引き取ることで安心をした。仕事場からすぐに戻れない保護者も多くいた。電車もバスも止まり、家に帰れず、子どもが心配だという保護者たちと電話で連絡がついた。保護者が来るまで、学校で待機しているので安心してほしいということをそれぞれの担任が伝えた。最終引き渡しは午後十時を過ぎたが、学校が責任をもって子どもたちを守ってくれたということで、に大変感謝されたのである。

集団下校をさせた学校では、子どもは帰ったが、保護者が家に戻れず、子ども一人で待っていた家庭もある。あるいは家に入れず泣いていて、それに気付いた近所の人に自宅に入れてもらった子もいる。教育委員会の指示通り動いて、結果として保護者からは大きな批判を浴びた学校もあり、大きな教訓を残した。

この教訓は何を意味するのだろうか。それは、今、子どもが目の前にいるかどうかの違いではないだろうか。あれほどの地震は今まで経験したことがない。指示を出す教育委員会、それを受ける学校、どちらも情報が交錯する中での対応であった。

しかし、学校は役所と違い、目の前に子どもがいる。地震の揺れにおびえてまだ泣いている子もいる中で、保護者の顔を見ずに下校させるとどうなるかを想像する。外出している保護者、仕事に行っている保護者も簡単には家に帰れないだろうと想像する。するとおのずから結論は決まってくる。この場合は、保護者への引き渡し下校しかあり得ないのである。

この災害の後、保護者からの声は、そのほとんどすべてが学校の対応が素晴らしかったという声であった。３・11では、教育委員会の指示通りにはしなかったが、子どもの安全を守り、保護者からの信頼が高まり、的確な対応であったと言える。

大災害などの時、教育委員会の指示とは異なる対応も考えられる。目の前の子どもたちを見て、校長が責任をもって判断する。そのもととなるのは、何よりも子どもたちの安全である。

悲しい事故が起きた

運動会の二週間前に、子どもが交通事故で亡くなった。昨日まで元気だった子の突然の訃報に、学校中が悲しみに包まれた。学級の友達も、同学年の友達も、担任も、校内の教職員たちも、そして保護者たちも、大きなショックを受けた。何より残された家族の気持ちを考えるとやりきれないほどであった。

運動会はこのまま実施すべきでない、このような考えをもつ人たちはきっといるだろう。私もこの子どもの保護者の感情を抜きにして、運動会を実施することは難しいと考えた。

「明（仮名）も楽しみにしていた運動会、ぜひ実施してほしい。」と保護者が言ってきた。躊躇している気持ちを伝えると、「運動会が成功するのを空からあの子は見ていると思う。」このような言葉をいただいて涙が出てきた。突然の我が子の悲しみのなかで、学校行事の成功を祈ってくれる保護者。このような保護者たちに、学校は支えられているのである。

運動会の練習をこのまま続けていいのか、不安に思っていた教員たちに、保護者の言葉を伝え、運動会を成功させて最高の供養にしようと語った。教員たちは改めて、全員で力を合わせて、運動会の成功へと取り組んでいった。

運動会当日、校旗掲揚を半旗にし、私たち教職員は腕に黒の喪章をつけた。開会式の壇上で子どもたち、保護者たち、地域の人たち、教職員全員で一分間の黙とうを行ったあと、私は次のように話した。

「明君（仮名）が、今日、この場にいないのは大変悲しいことです。残念で残念でたまりません。こんな時に運動会をやるのか、保護者の方の中には、こう思う方もいたと思います。私たちも、迷い、悩みに悩みました。しかし、明君のご両親から、息子のためにもぜひ運動会をやってほしい、と何度となく言われ、実施することにしました。今日はいつもの運動会と違います。一つ一つの競技、演技を、今頃、空の上から見ている明君に届けるつもりです。子どもたちも、指導する先生たちも、明君を思いながら全力で取り組みます。どうか保護者の方たちも、いつも以上に大きな、大きな拍手を送って下さい。今、ここに明君の魂はあるはずです。」

どの競技、演技にも大きな拍手が送られた。そして当該学年の踊りのフィナーレでは、数人の子が正面の位置で段を組み、明君が着るはずだったTシャツを空に向かって掲げた。これまでになかったような盛大な拍手とともに、多くの方たちの涙が見られた。

運動会終了後の保護者アンケートでは、「正直、運動会をやってもいいのかという気持ちがありましたが、開会式、閉会式での校長先生の話、子どもたちの熱心な演技、先生たちが一つになって哀悼の意を表している姿を見て、涙が止まりませんでした。最高の運動会でした。」このような感想をたくさん頂いた。

悲しい事故は絶対にあってほしくない。しかし、万が一起きた時、学校全体でどのように対応するかで、その後の信頼が変わってくる。子どもを大切に思う対応は必ず保護者に伝わる。

学校で子どもの事故が起きた

出張中、学校から電話があった。校内で子どもの事故が起きたと言う。急いで病院に駆け付けた。緊急治療室に入っての治療。命が助かるように、ただそれだけを祈っていた。幸いにして一命をとりとめたものの、意識がはっきりせず、手や足を動かす機能が十分でなかった。

それからの入院生活、特に夏休み期間中は担任とともにほぼ毎日病院に行った。その子の容態を聞き、保護者と話をして、身体機能回復のために作業療法士が行う訓練などを手伝った。学期中も週に数回ほど担任と病院に通った。学級の友達からの手紙や、教職員、子どもたち、保護者らと折った鶴を届けたりしながら様子を見守った。病状の進行状態に合わせて転院をしたりと、八か月間の入院生活を経て、一部障害が残ったが無事に退院をした。

この入院期間中、保護者はどれだけつらく苦しい思いであったであろう。毎日、毎日、眠れない日が続いたに違いない。どうしてこんなことになったのか、これからこの子はどうなるのか、日々、不安な気持ちの繰り返しであったろう。

この事故は決して担任の不注意、指導不足で起きたものではなかった。しかし、現実に学校で起きた事故である。学校の最高責任者である校長の私は、大きな責任を感じていた。もちろん担任も大きな悲しみと辛さを感じていた。子どものこと、親御さんのことを考えると、私と担任も居た堪れない日々を過ごしていた。

退院をした後も、学校に通うための介助ヘルパーの問題、学校でどのような対応ができるかなど、考えなければならないことは山積みであった。私も担任もできる限りのことをしようと努めた。久しぶりの登校日、教室に入った時、みんなから声をかけてもらい笑顔が見えた時は、こちらも本当にうれしくなったものである。

学校で事故が起きた時、特に障害まで残ってしまった時には、どうしても保護者と学校側は良好な関係が保てなくなってしまうことが多い。中には学校と訴訟を起こすということも十分考えられる。

しかし、この保護者は、自治体に対しての要望などはあったが、学校に対して、担任に対しては一切なかった。「校長先生や担任の先生に対して、訴えるということは決してありません。」こうも言ってくれた。

担任の指導に対して、校長の私の対応に対して、大変感謝をしてくれた。申し訳ない気持ちがありながら、ありがたかった。私が異動する時に、深々とお礼を言いにも来てくれた。

周りの方たちから、誠実に接してきたことが、保護者の理解につながったと言われた。このようなことは、どこの学校でも起きてほしくない。しかし、学校ではいつ、何が起きてもおかしくない。特に子どもの命にかかわるような事故が起きた時は、校長の対応ひとつに、その後の信頼がかかってくる。

誠実に対応すること、これだけである。

火災発生で取材申込み

学校で火事が起きた。

もっとも校舎からではなく、体育館改修工事のための工事現場の詰所からである。たばこの火の不始末だと後から聞いた。この時は就学時健診の最中であり、係として残っている六年生以外は学校にいなかった。幸いに大きな被害はなかったが、かなり高く火と煙が上がったので、多方面から一一九番通報があり、二十台以上の消防車、救急車が集まって大騒ぎとなった。上空にはヘリコプターも旋回し、テレビニュースでも流れた。

当日は、直ちに健診は延期にして、教職員が協力し合い手分けして、保護者と就学予定児たちを安全な場所に避難させた。ふだん行っている火事を想定した避難訓練とはまた違う対応であった。この危機に、教職員が一丸となって対応したことで、避難自体は大きな混乱もなく無事に終えることができた。

ここであるテレビ局から、校長へ取材をしたいという申し入れがあった。が、私はきっぱり断った。なぜなら、学校の責任で起きた事故ではないからである。学校で火事が起き、学校名が出て、校舎と校長の顔が画面に映り、私の話がテレビに流れるとなると、一部しか見ていない人には、「学校で火事が起きた」このことだけが事実として残る。テレビのニュースは最初から最後まで見る人ばかりではなく、何か他のことをしながら途中から見る人もいるだろう。そのような人に、学校の責任で火事が起きたという誤解を与えたくなかったからである。

「校長として社会の要請に応えるべきである。」とそのテレビ局の記者は言ってきた。しかし、本当にそうだろうか。学校で火事が起きた。それが工事中の詰所からの火であり、校長の自分も驚いたとでも言えば満足するのだろうか。そのように言うことが社会の要請に応えるべきことなのか。

教育委員会と連絡し合い、火事の顛末を報告し、今後の就学時健診の予定をどうするか、連絡をどうするか、心配して集まってくれたPTA役員たちにどう説明するか、教職員に今後の対応をどう指示するか、などなどやるべきことはたくさんある。

それらを混乱なく、円滑に短時間で進めていくことこそ、この事故が起きた直後の校長の務めではないか。火が収まったとはいえ、まだ落ち着かない状況の中、「社会の要請」ということを理由として、執拗に取材申し込みに食い下がる記者にこう言った。

「私のインタビューが流れた時に、それを見ている人間に、学校の責任での火事ではないと、明確に伝えられるニュースに確実にできるのか。編集してどのように流すのか、校長の自分も同席して番組づくりができると約束してくれるなら、取材を受ける。」と答えると、それはできかねるということで、ようやっと引き下がったのである。

この火事で校長の話を聞かなかったとして、何の不都合があるだろう。内容によって、毅然と断ることが必要だと考える。

テレビ局から校長の話を求められた

前項でマスコミからの取材を安易に受けないことを書いた。しかし、どうしても受けなければならない時はあるだろう。

学校に明らかな責任がある事件や事故が起きた時、誠実に謝罪をして、説明をしなければならない時は確かにある。その時にどのような構えで、テレビカメラの前で話をしたらいいのだろうか。

テレビではいろいろな人たちの謝罪の場面が映し出される。その時にうまくいかず、非難されることの一つに、謝る場面なのに笑った顔が見えることである。真剣味が足りない、本当に反省しているのか、という非難である。

私も同感と思いながら、しかし同情をする時もある。それはテレビカメラが回ると、恥ずかしさとが出てしまい、つい照れ笑いが出てしまうことがあるからである。

私は大学教員になってから、年間に数回、テレビのニュース番組で教育問題のコメントを出している。大学の研究室にテレビカメラが入り、インタビュアを相手に話をするのである。時にはいじめ問題だったり、森友問題だったり、新学習指導要領への対応だったり、道徳や外国語の教科化の話題だったりする。一時間近く収録して編集、放映時にはわずか二、三分に切り取られるのである。

話をしている時、問題が深刻であると、当然、こちらの表情も厳しい顔つきになる。しかし、相手の方がとてもこちらの話を上手に引き出してくださる方なので、長い時間になってくると、時々、テレビカメラが回っていることを忘れて、親しい相手と話をしている感情になり、つい笑みが出てしまうことが何度かあった。その時に感じたのは、テレビで、笑う場面ではないところで、笑顔を見せてしまうのはこういうことかと実感をしたものである。

いじめなどが起きて、重大な局面になった時、校長がテレビカメラの前で話をしなければならなくなることがある。

誰もその場に立ちたくないものだが、万が一、そうなったら決して照れ笑いなどをしないことである。

自分の表情が全国にテレビで流れる影響は大きい。照れと恥ずかしさで、つい笑みが出てしまうことがあるものだということを、今から心にとめておくと、いざという時に心の準備ができるだろう。

また、謝罪場面では、あまりくどくど言わない方がいい。言えば言うほど、言い訳をしているように受け止められ、いい印象とはならない。テレビの前で校長が謝罪をしなければならないようなことがないことを祈りたい。

しかしもし、そのような場面になったら、笑みを見せない、話を短くする、このような対応にしたい。

NHK「ニュース７」2016.11.16

放送機器が動かない

放送機器が突然動かなくなる時がある。

ある学校の運動会で音楽に合わせてダンスを踊っている場面で、放送機器の不具合で音楽が止まってしまった。突然の事態にも関わらず、子どもたちは踊りを続けるが、このまま続けていいものか明らかに戸惑っている。指導の教員は放送席を見ながら踊りを止めさせて、朝礼台からすぐに降りて、係の教員と話をし出した。そして初めからやり直しをすることになった。

指導の教員はマイクを持って保護者に説明をした後、子どもたちに「よかったね、もう一回できるんだって。あれだけ練習してきたものを、たくさんできるんだからラッキーだね。さあ頑張ろう！」と声を掛けた。予期せぬ事態に慌てず、すぐに前向きな言葉を投げかける見事な対応であった。

自分の学校ではなかったが研究発表会で、放送機器がうまく作動しなくなったという場面にも、これまで何度か居合わせたことがある。

公開授業が終わり、研究経過を説明し、さあ講師の講演となった時に、スクリーン上の講演資料が映らない、このような事態になったのである。担当の教員が機器の接続など、いろいろ点検してみるが、なかなかうまくいかない。会場内は静まり、みんなその成り行きを心配そうに見守っている。主催校の校長としては、自分が出て行くわけにもいかず、たまらない不安と緊張感になるであろう。

私がそんな当事者となったのが、さあこれから自分が講師として講評をする、まさにその時であった。しばらく待っても機器が動かないので、司会席のところに行き、「この場を借りて研究紀要の指導の工夫のところを説明いたします。」と、マイクを使って会場内の人たちに話をして、場をつないだことがある。

機器は前日まで問題なく動いていても、何かの原因で、当日に突然、動かなくなってしまうことがある。私自身も教員の時に運動会で放送担当をしていて、やはり機器が途中で動かなくなり、音楽が止まってしまうことがあった。何をやっても動かず、原因がわからない。この時はポータブル機器を予備として用意してあったので、すぐに切り替えてその場をしのいだ。放送機器を使う時は本当に冷や冷やものである。

研究発表会で故障があったらどのように対応したらいいだろうか。

私は十分間程の休憩時間をとるのがいいと思う。会場内の人たちには、その間、会場に用意してあるお茶を飲んだりして、少しの間ゆったり過ごしてもらう。その間に機器の回復に努め、それが見込めぬ時は、スクリーンでの資料はなしで講演を進める。

このように機器が動かないことを想定して、あらかじめ講師と打ち合わせておくとよい。人間と違い、機器の不具合はどうにもならない。いざとなったら慌てず、落ち着いて対応することである。

卒業証書がない

卒業証書がない。これには焦った。

子どもたち一人一人に証書を渡して、順調に進んでいった私の退職の年の卒業式。自分自身も教師人生の最後かと思うと、感慨深い気持ちとなった。そしていよいよ最後の卒業生が証書を受け取るために目の前に立った。その時である。

卒業証書がないのである。いつまでも介添えの教員から証書が渡されない。ふと見るとその教員が足早に下に降りて行き、数人の教員と話をしたと思うと、会場から急いで出て行った。卒業式準備では、証書は名簿通りに一枚一枚つき合わせていき、人数分に二、三枚足して予備の証書を用意しておく。

もちろんこの日もそのような準備をしてあったに違いないが、何かしらの行き違いがあったのだろう。介添えの教員もよほど焦っていたのか、私に何も言わずにその場を離れてしまった。おそらく職員室に最後の証書だけが置かれてしまい、取りに行ったのだと想像したが、一人残された私は（苦笑）、事態が飲み込めないまま何らかの対応をするしかなかった。

最後の卒業生は黙って目の前に立っている。会場内の子どもたち、保護者たち、来賓たちも静かにそれを見守っている。卒業式独特の緊張感が漂う空気の中でさすがに焦った。瞬時に、子どもたちの落胆、保護者からの苦情、会場内の人たちからの非難……このようなことが頭をよぎった。何とかこの危機を温かな空気に変えることができないものかと考えた。そこでその卒業生に、

「証書を渡すのが遅れてしまっているけれど、必ず卒業できるからね。少し校長先生とおしゃべりをしていよう。」こう話すとにっこり笑った。そしてマイクを取り会場の人たちに、「大変申し訳ありません。今、卒業証書を取りに行っています。和田さん（仮名）には、必ず卒業できるからねと話したところです。みなさんは証書が来るまでの間、少し休んでいてください。私と和田さんはおしゃべりをし、一緒に記念写真を撮ることにします。」このように説明すると、会場からどっと笑いが起きて、緊張がほぐれた。写真屋さんに二人の記念写真を撮ってもらい（大きな拍手）、やがて証書が見つかり、呼名からやり直しをして証書授与を終えたのである。

直後の校長式辞では最高の卒業式となるような言葉を送ったつもりである。子どもたちの頑張りも見事で、素晴らしい卒業式だった。

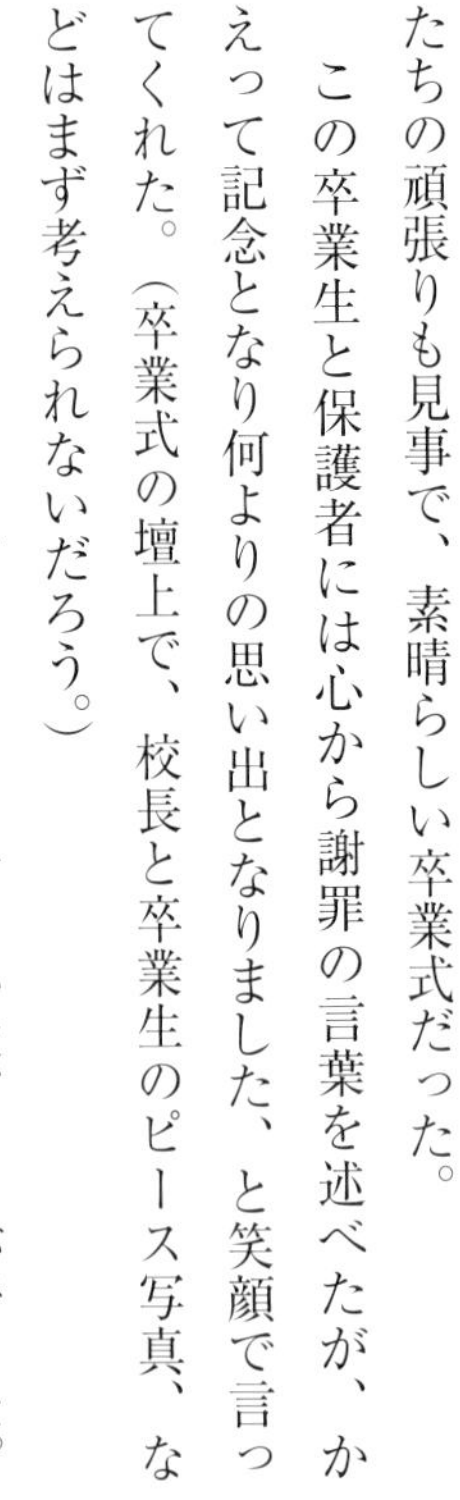

この卒業生と保護者には心から謝罪の言葉を述べたが、かえって記念となり何よりの思い出となりました、と笑顔で言ってくれた。（卒業式の壇上で、校長と卒業生のピース写真、などはまず考えられないだろう。）

思わぬ事態が起きたが、こうして何とか凌ぐことができた。いつ、何が起きるかわからない。その時に、子どものことを考え、どうしたら笑顔になれるか、落ち着いて対応することで道が開けるだろう。

おわりに

校長室に一人でいる時に、ふと思いました。自分は教職員からどのように思われているだろうかと。

教員時代からいろいろな校長先生と出会いました。力のある素晴らしい校長は、例外なく一つ一つの対応が的確な人でした。反対に学びたくないなと思わせる校長は、対応がまずく、また、そのまずい対応をくり返していた人でした。

教職員から、対応が適切な校長は信頼されます。自分は今、その対応力で教職員から信頼されているだろうか。時々反省をしつつ、自分を振り返りました。信頼を高めるにはどうしたらいいのか、このような日々の思いが、校長職の自分を成長させてくれたように思います。

とっさの対応、思いもよらぬ危機には誰でも慌ててしまいます。私も焦ったこと、戸惑ったことはいくらでもあります。最終稿の「卒業証書がない」時のことも、瞬時に考えてとった行動がたまたま功を奏しただけです。一歩誤れば信頼関係を失うところでした。しかし、ふだんからいろいろなことを想定していることが、いざとなった時に生きてきます。

ここに書いたのは、日頃どのように対応しているか、思わぬ危機に遭遇した時に、どう対応したかを、実体験に基づき具体的に記したものです。校長先生たちの視野の一つに入れていただけたら嬉しいです。

今回も第一公報社の大平聡社長から励まされ、本書の発行になりました。厚く感謝を申し上げます。

二〇一九年三月

遠藤真司（えんどう しんじ）

元早稲田大学教職大学院客員教授、開智国際大学教育学部准教授。早稲田大学法学部卒業。民間企業二社を勤務した後、東京都公立小学校の教諭となる。二校九年間にわたり校長として学校経営に当たる。専門領域は国語教育、学校経営、学級経営、教員養成。

全国連合小学校長会機関誌『小学校時報』編集委員長、東京都小学校国語教育研究会会長、東京都研究開発委員会委員長、小学校国語教科書編集委員、東京都青年国語研究会会長、稲門教育会稲朋会会長などを歴任。

多くの学校の研究会講師を務め、その回数は三百五十回を超える。西東京市教育委員会教育計画策定懇談会座長、理想教育財団学級力向上研究会関東部会部長、日本国語教育学会会員、東京都小学校国語教育研究会顧問、東京都青年国語研究会参与。テレビ、ラジオ、インターネットなどのニュースで時折、教育問題のコメントを述べている。

著書：「校長の力は『話す力・聞く力』で決まる」単著（第一公報社）「校長の力は『書く力』で決まる」単著（第一公報社）、「小学校国語科　授業づくりガイドブック」共著（明治図書出版）、「小学校国語教育　板書で見る全単元の授業のすべて」共著（東洋館出版社）、「教育の質を高める教育原理」共著（大学図書出版）他多数。

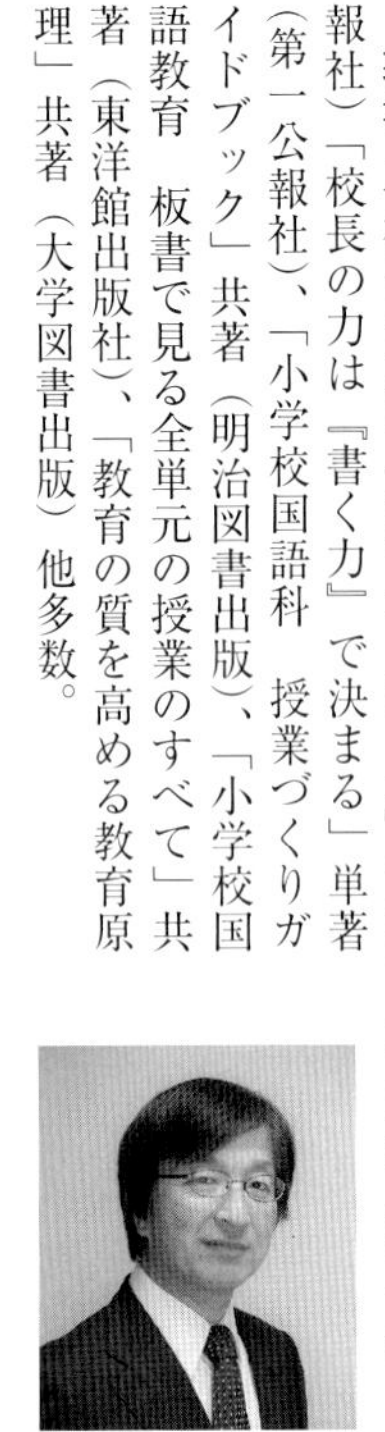

明日を創る学校経営Ⅲ　校長の力は『対応力』で決まる

平成31年（2019年）4月7日　初版第一刷
令和7年（2025年）4月18日　初版第三刷

著者　遠藤真司
発行人　大平　聡
発行所　株式会社　第一公報社

〒112－0002
東京都文京区小石川4－4－17
電話03(6801)5118 FAX03(6801)5119

印刷・製本　日本ハイコム株式会社

写真協力　高橋　享
　　　　　飯田芳男
カット　S.O

落丁本・乱丁本はお取替えいたします

ISBN978－4－88484－333－5　C3037